AF272632

Kleine Wunder

Gedichte

*Für
meine Eltern,
die mich lieben
- und schubsen, wenn es sein muss*

"There is a certain kind of peace that is not merely the absence of war. It is larger than that. The peace I am thinking of is not at the mercy of history's rule, nor is it a passive surrender to the status quo. The peace I am thinking of is the dance of an open mind when it engages another equally open one"

Aus: Toni Morrison.
The Dancing Mind.
New York: Knopf
1996

Katja Hummel

Kleine Wunder
Gedichte

Mit Grafiken von
Georg Koschinski

Bibliografische Informationen der Deutschen
Nationalbibliothek

Die Deutsche Nationalbibliothek verzeichnet diese
Publikation in der Deutschen Nationalbibliografie;
detaillierte bibliografische Daten sind im Internet
abrufbar über http://dnb.d-nb.de

Impressum

© Katja Hummel 2008

Herstellung und Verlag: Books on Demand GmbH
Norderstedt

ISBN-13   9783837092356

Inhaltsverzeichnis:

Vorwort

Für das, was an Schönem aus einem selbst kommt, kann man niemandem danken. Aber dafür, dass Menschen an einen geglaubt, einen ermutigt und hinterfragt haben. Allen voran Helga Welker, die uns Schülerinnen des Deutsch-Leistungskurses am Mörike-Gymnasium in Esslingen das Staunen über die literarischen Wunder der Welt gelehrt hat.

Sie war es auch, die vor vielen Jahren bei einer Lesung von Hilde Domin im Rahmen der Literaturtage LesART in Esslingen um eine Einladung nach Heidelberg bat. Uns alle freute der Besuch bei unserer lyrischen Heldin. Und so saßen wir dann bald gemeinsam mit Hilde Domin in einem Wohnzimmer voller Bücher in allen Sprachen der Welt, hoch oben über der Altstadt und sinnierten über Lyrik und Leben. Aus einem Besuch wurden mehrere über einen Zeitraum von rund fünf Jahren.

Helga Welker war es auch, die die Idee hatte, Hilde Domin meine Gedichte lesen zu lassen. Sie zeigte sich beeindruckt. Jedoch wurde aus den Plänen einer durch sie unterstützen Veröffentlichung nichts. Für vieles reichten am Ende, vor ihrem Tod im Jahr 2006, die Kräfte nicht mehr. Auch ich selbst zögerte und das mag seine Gründe haben. Hilde Domin und ich unterhielten uns viel über das Loslassen können von Gedichten. Sie hinauszuschicken in die Welt ist gar nicht so einfach, da waren wir uns einig.

Wer weiß, ob sie Gehör finden, ob sie von anderen so geliebt werden, wie wir sie lieben. Wer weiß, ob sie auf kahles Papier gedruckt in Mülltonnen landen, Stühle stützen oder gar vergessen werden. Aber wie Kinder muss man sie gehen lassen, wenn sie ihren eigenen Weg finden und Wirkung entfalten sollen.

Nein, für das, was an Schönem aus einem selbst kommt, kann man niemandem danken. Aber ich möchte es begreifen als Geschenk, das ich teilen kann, um Menschen Freude zu bereiten und Herzensbotschaften „loszulassen".

Meine Herzensbotschaft ist, dass ich fest daran glaube, dass Angst und Gewalt überwunden werden können durch den unerschütterlichen Glauben an die Veränderbarkeit von Menschen und Situationen. Der Frieden, verstanden nicht nur als die Abwesenheit von Gewalt, muss gestaltet werden, muss herbeigeführt werden durch alternative Verhaltensweisen – und durch den Glauben an all das, was Menschen an Gutem in sich tragen.

Die amerikanische Schriftstellerin Toni Morrison beeindruckte mich in einem Vortrag an der Brown University in den USA unmittelbar nach dem 11. September 2001 mit dem Begriff „peace of the dancing mind". Der Frieden als positiver Zustand entsteht, wenn Menschen sich austauschen, wenn sie sich zuhören und sich einander zuwenden, etwas, das oft genug in den Hintergrund gerät, wenn es um politische, zumal sicherheitspolitische Interessen geht.

Aber es ist an jedem von uns, sich selbst zu fragen: was kann ich, an jedem Tag, in jeder Stunde, zu mehr Frieden in der Welt, meiner Stadt, meiner Familie, beitragen? Manchmal ist es nur eine simple Geste, ein offenes Ohr, wenn man sich abwenden wollte, eine Hand, die man ausstreckt, wenn alle schon vorbeigegangen sind oder ein Lächeln, wenn ein böses Wort Einzug gehalten hätte.

Das ist Frieden: wenn Menschen einander offen als Menschen begegnen, mit all ihren Konflikten, in all ihrer Widersprüchlichkeit. Diese Begegnungen sind die „kleinen Wunder", die so oft übersehen werden.

Katja Hummel
Esslingen, Februar 2009

Hilde Domin und Katja Hummel in Heidelberg 2003

Ein ganz besonderer Dank gilt dem Esslinger Künstler und Grafiker Georg Koschinski, der mir die wunderschönen Grafiken zu meinen Gedichten erstellt und geschenkt hat.

Jüdisches Museum Berlin

I

Als Licht durchs Fenster schien
war die Leere
hell
und Gedanken spähten aus schattigen Ecken

Schweigend standen wir
und hörten
den Herzschlag
vieler
sich vereinen
und die Leere füllen mit
Bitten

II

Ich spreche
- nicht laut-

Ich spreche zu Euch
die Ihr diese Räume füllt mit
Traurigkeit und Mut

Ich spreche
zu den Menschen in den Straßen
die ihren Weg gehen
in Hast
und die Blumen am Wegrand nicht sehen

Ich spreche zu Euch
die Ihr uns lehrt
zu vergeben
ohne zu vergessen

Ich atme
Dankbarkeit

Nacht

I

Ich grüße dich
zur Nacht
die uns umfängt

Die ihre Arme
weit macht für
Menschenangst
oder auch
Hoffnung

Die Nacht wird
meine Botschaft auf dein Herz brennen und ihn finden
diesen letzten Winkel
Seele
der sich nach mir sehnt

Wie sie ihn findet
diesen großen Raum
in mir
den eine Sonne flutet
mit hellen Gedanken
an dich

Ein Ozean aus Licht
in der dunklen
Stille

II

Die Nacht ist kalt.
Mein Atem weiß im Dunkeln.

Aber
deine Hand
in meiner
ist ein Tier
mit samtigen Pfoten

Warm und lebendig.

Fell an Fell
ist mein Herz
weit bis an den Morgen.

IV

Nacht- die

machst das Suchen schwer
und liebst das Finden

sich finden

gefunden werden

Deshalb ist der Weg zum Mond
gepflastert
mit Schwüren

geflüstert nur
behutsam auf Haut gehaucht
weil der Tag sie nicht finden soll

New York

I
September 2001

Es ist so still
an dieser großen Wunde
wo Mensch an Mensch
dicht steht

In dieser Stille
beginnt eine Kraft
in mir emporzusteigen
kommt über
meine
Lippen tritt
in meine Augen

Das bunte warme Leben
das hinaus will
dem Tod zu entgegnen
dass am Ende aller Zerstörung
die Schöpfung
immer
wieder
von Neuem
beginnt

IV

Lachende Taxiwinker
Jazz ist Philosophie
und die Zukunft neongelb-
twentyfourseven

Mittendrin
irgendwo
leblose Hände
vor schmutzigmüden Augen

Wir alle sind
vorbeigegangen

Haben
liegengelassen

Vergessen

In dieser Stadt
voller Menschentiere
voller Tiermenschen

23

Stärke

I

Zerstört sind die
Schlösser
aus weißem Zuckerguss

Still
sammle ich die Trümmer
mir zu bauen ein Haus

Dem Traum entwachsen
gegründet auf der Erde des Jetzt
voller Wärme des Jetzt

Türen offen-
alle

II

Die Stärke rankt
entlang den Narben
des Menschenholzes

Entlang den abgeschlagnen Illusionen
einst verästelt
biegsam

Noch glitzert Harz
wo bald in hartem Honig
Mut –eingeschlossner–
kostbar wird

Hoffnung

II

Manchmal
ist deine Seele
ein
leerer
Raum

Unmöbliert
und kalt

Dann
öffnet sich dein
Herz

Diese Blume

Und schickt
durch
all die kalten
Gänge

Warme Hoffnung

Fort

I

Du bist
fort gegangen

Ungesagte
Worte
auf den Lippen

Dieses
ich will dich

Klein gemacht
zurückgenommen

Nachtluft
voller
waswärewenns

Schließt sich
hinter dir

II

Vielleicht bleibt am Ende
jeder Liebe
nur die Sehnsucht
die wir
hinausschreien
in die Welt
und hoffen
dass sie im freien Fall
aus dem Mund
ihre Flügel
ausbreitet
zu fliegen beginnt
und atmet
und lebt
und
wird

III

Warum kein Mann
der zur Einrichtung
passt
oder zur Haar-
farbe

Warum keiner
der bleibt

sondern einer
der
geht

fort und unter die Haut

Leben

Zum 26.12.04
II

Das Glück
versteckt sich

Nährt sich
von liebevollen Gesten

Übersehbar
aber geduldig
harrt es aus
in leisen
Momenten
oder
deiner Hand
die du
ausstreckst
nach den großen Dingen

Für S.

Sie ist fort
und nimmt einen Teil
deiner Kindheit
mit

Vielleicht
Wünschst du dir
bald
-in kalten Stunden-
du wärst mit ihr gegangen
an diesen Ort

Hättest ihre Hand gehalten
oder sie
deine

Wir
können nicht
hinter diese Liebe zurück
die Menschen schwer macht
und manchmal weh tut
viel mehr als ein kleiner Schnitt in den Finger
oder ein gebrochenes Bein

Der Schmerz des Verlustes gleicht den Schmerzen der
Geburt

Es ist derselbe Schmerz
voll der Dinge die schön sind und grausam
zugleich

Die Angst und die Verzweiflung
Verletzlichkeit und Lebensmut

Und Liebe

Die uns festhält
warm hält
wenn die Jahreszeiten
durcheinander geraten sind

Die uns
wie ein Weltenkompass
zeigt
wo Heimat ist

Was zu uns gehört
in Wort, Herz und Seele

Und uns niemals ganz
verlässt

Heimat

I

Ich erkenne mich
in dir

Nicht kleiner
Nicht größer

Zuhause

II

Ich weiß:
Du bist Dir selbst kein Hafen
Bist auch nur einer der sich festhält an Treibholz

Doch
Heimat ist für mich

Dass Du Deine Worte
An die richtigen Orte legst

Wo sie wachsen
Und mich stark machen
und schön

Zeichen

Das Leben ist unbequem, denn
ein Kind hat eine Hoffnung geweckt

Warum nicht gleich die großen Fragen:

Die Freiheit ist vielleicht ein Vogel
Und der Mut ein schlafender Elefant
Wünsche wollen wachsen können
Sollst du sie loslassen oder halten?

Hey - Dein Tag war nicht fehlerlos
aber voller Trotzdems
die Dir Schlaflieder singen

In jedem deiner Worte
War unentdeckte Zuversicht

In jedem Gedanken
Spuren von Liebe

Keiner kann Deinen Weg gehen
Keiner Deine Zeichen lesen

Aber jede ausgestreckte Hand
Wird dich zurückholen können ins Leben

Kleine Wunder

Weißt Du noch?

All die kleinen Wunder-
Halb vergessen
Halb vergraben
Wo sind sie?
Deine

Drachen-
Kämpfe
Wunsch-
Küsse
Traum-
Tänze

„Die Zeiten sind vorbei"
sagst Du

Aber ich weiß:
Das Leben ist unentrinnbar
- es schreibt Dir
Deine wahren Farben
tief in die Haut

Und jeder
ungeliebte
Teil
wird zurückkehren

Immer wieder

Als gehöre er
zu Dir

Liebe

I

Worte sind geflossen
und abgeprallt an dir

Ich will

Ich
will

Doch
Augen sehn nur
schrundige Rinde und
meine Hände
umfassen die Krone lange nicht

Nur mein Herz
kann dich halten

II

Der Schmerz wird kommen
und gehen
wie eine Flut
der Ebbe folgt

Zeit ist nichts.

Unsre Wunden
heilt sie nicht

Nur Liebe
die in Menschen fließt
wie in ein Gefäß

III

Die Welt
will erlebt-

Menschen
müssen
erliebt
werden

Georg Koschinski,

vielseitiger freischaffender Maler und Grafiker. In Leipzig 1916 geboren, heute in Esslingen lebend.
Viele kulturelle Institutionen und Ereignisse, Einrichtungen und Firmen tragen grafisch noch heute seine Handschrift.
Mit offenem Blick begleitet er kreativ Ereignisse unserer Zeit und setzt sich besonders kritisch und eindrucksvoll mit dem erlebten Krieg und gewünschten Frieden auseinander.
Sein Werk ist oft auch ein Dialog mit der Literatur. So hat er Katja Hummel gerne einige Grafiken für diesen Gedichtband gezeichnet und wünscht ihm Glück und Erfolg.